우주

우리의 커다란 집

송두종 지음

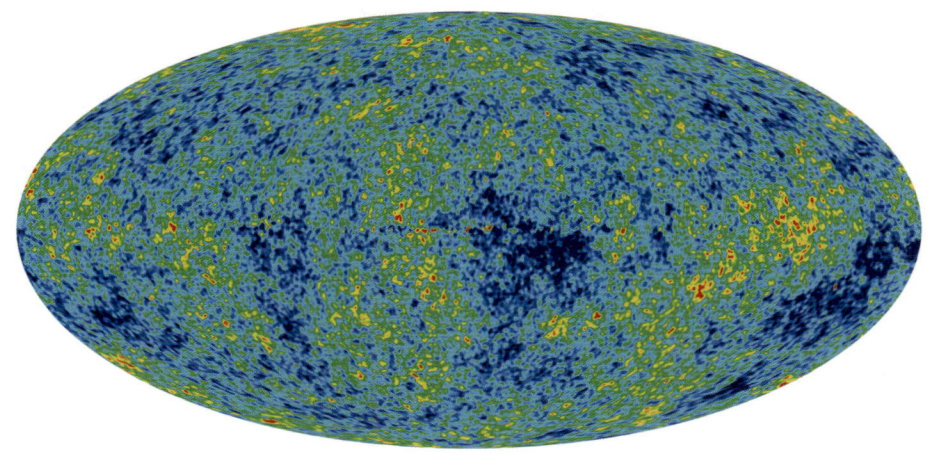

열린어린이

은하수 강원도 홍천군 공작현의 밤하늘. 산 위로 희뿌연 은하수가 가로지르고 있습니다. 봄에 새벽 하늘에서 볼 수 있는 은하수입니다. 은하수는 우리 은하를 옆면에서 본 모습입니다. 정면에서 바라본 우리 은하는 나선형이지만 옆면에서 바라보면 원반을 눕혀 놓은 모양이 되지요. 사진의 가운데에서 약간 오른쪽에 있는 희뿌연 곳은 우리 은하의 중심 방향입니다. 은하의 중심 방향에는 별이 많이 모여 있어서 은하수의 폭이 더 넓고 밝게 보입니다.

하늘 너머에는
아주 넓은 세계가 있어요.
굉장히 넓어서
어디가 끝인지 알 수 없는 세계예요.
그게 바로 우주예요.
우주 안에 우리가 있어요.

깊고 깊은 우주 허블우주망원경의 초점을 화로자리의 작은 부분에 맞추고 찍었습니다. 이 방향에는 가까운 천체가 많지 않아서 매우 먼 곳에 있는 천체까지 한 사진에 담을 수 있었습니다. 사진에는 약 1만 개의 은하들이 찍혀 있습니다. 가장 작은 점들은 130억 년 전에 만들어진 은하가 내뿜는 빛입니다. 이 사진은 2003년 9월 24일부터 2004년 1월 16일까지 허블우주망원경이 지구를 400번 공전하며 800차례 촬영한 사진들을 조합한 것입니다. 총 노출 시간은 11.3일이었습니다.

우주는 커다란 집입니다. 그것도 어마어마하게 넓고 커다란 집입니다. 아무도 그 끝에 가보지 못했습니다.

우주에는 모든 것들이 있습니다. 작게는 우리 몸을 구성하는 원자들부터 크게는 지구, 지구 밖 저 멀리에 있는 달, 별, 은하에 이르기까지 모두 우주에 속합니다. 우주는 시간도 포함합니다. 여기에서 시간이란, 우주가 처음 만들어졌을 때부터 우주가 사라질 때까지 모든 시간을 말합니다. 아주 길고 오랜 기간이지요.

우주에서는 거리를 어떻게 잴까요?

우주는 굉장히 크고 별들은 서로 아주 멀리 떨어져 있습니다. 그래서 우주에서 별들 사이의 거리를 잴 때는 광년이라는 단위를 사용합니다. 광년은 빛이 1년 동안 가는 거리를 말합니다. 1광년은 9조 4608킬로미터입니다. 태양에서 가장 가까운 별은 센타우루스자리의 프록시마입니다. 프록시마는 태양에서 4.2광년 떨어져 있습니다.

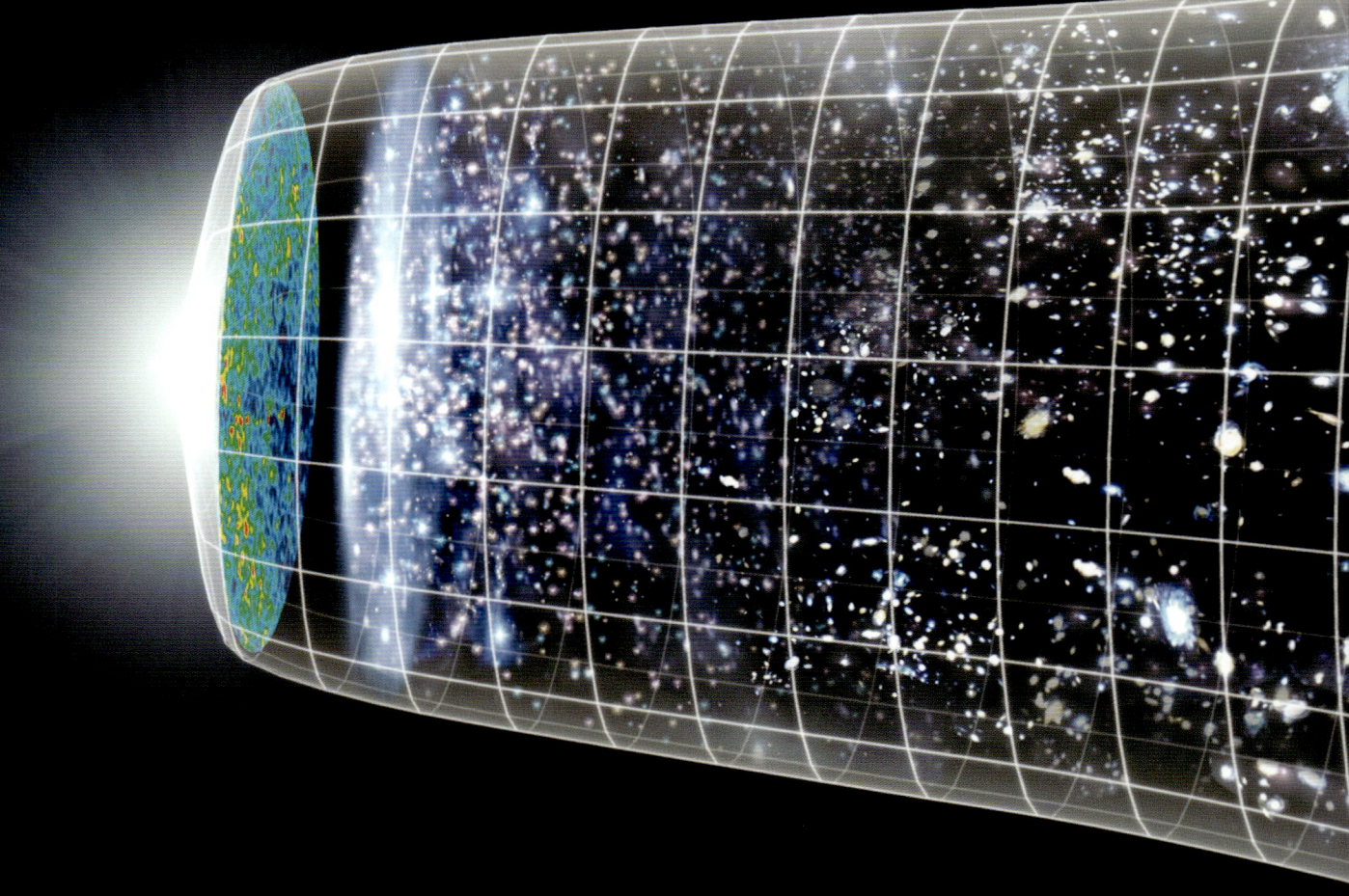

137억 년의 우주 역사 빅뱅부터 현재까지, 137억 년에 걸쳐 우주가 커지고, 우주에 수많은 천체가 생겨나는 모습을 보여 주는 그림입니다. 아주 작은 점(왼쪽 끝)에서 시작된 우주가 점점 팽창하며 현재(오른쪽 끝)에 이르고 있습니다. 빅뱅 직후, 우주는 폭발적인 팽창을 했습니다. 초기의 폭발적인 팽창 시기가 지나자 우주의 팽창 속도는 많이 느려졌습니다. 녹색 부분은 우주 나이 38만 년 때입니다. 이후 수십억 년 동안 우주에는 수많은 별과 은하들이 만들어졌습니다. 현재 우주의 팽창 속도는 다시 빨라지고 있습니다. 오른쪽의 우주선은 WMAP 탐사선으로 우주의 배경복사를 측정하여 우주의 나이를 알아냈습니다.

　우주는 우리가 태어나기 전에도, 지구가 생기기 전에도 있었습니다. 그렇다고 우주가 처음부터 있었던 것은 아닙니다. 원래는 아무것도 없었습니다. 그런데 약 137억 년 전에 대폭발이 일어났습니다. 이것을 빅뱅이라고 부릅니다.

　빅뱅이 일어나기 전, 아주 작은 점 안에 우주의 모든 물질과 에너지가 들어 있었습니다. 빅뱅이 일어나는 순간, 우주는 상상할 수 없을 정도로 뜨거웠습니다. 빅뱅의 힘으로 우주는 순식간에 커지기 시작했습니다. 빅뱅과 동시에 시간과 공간이 생겨났습니다.

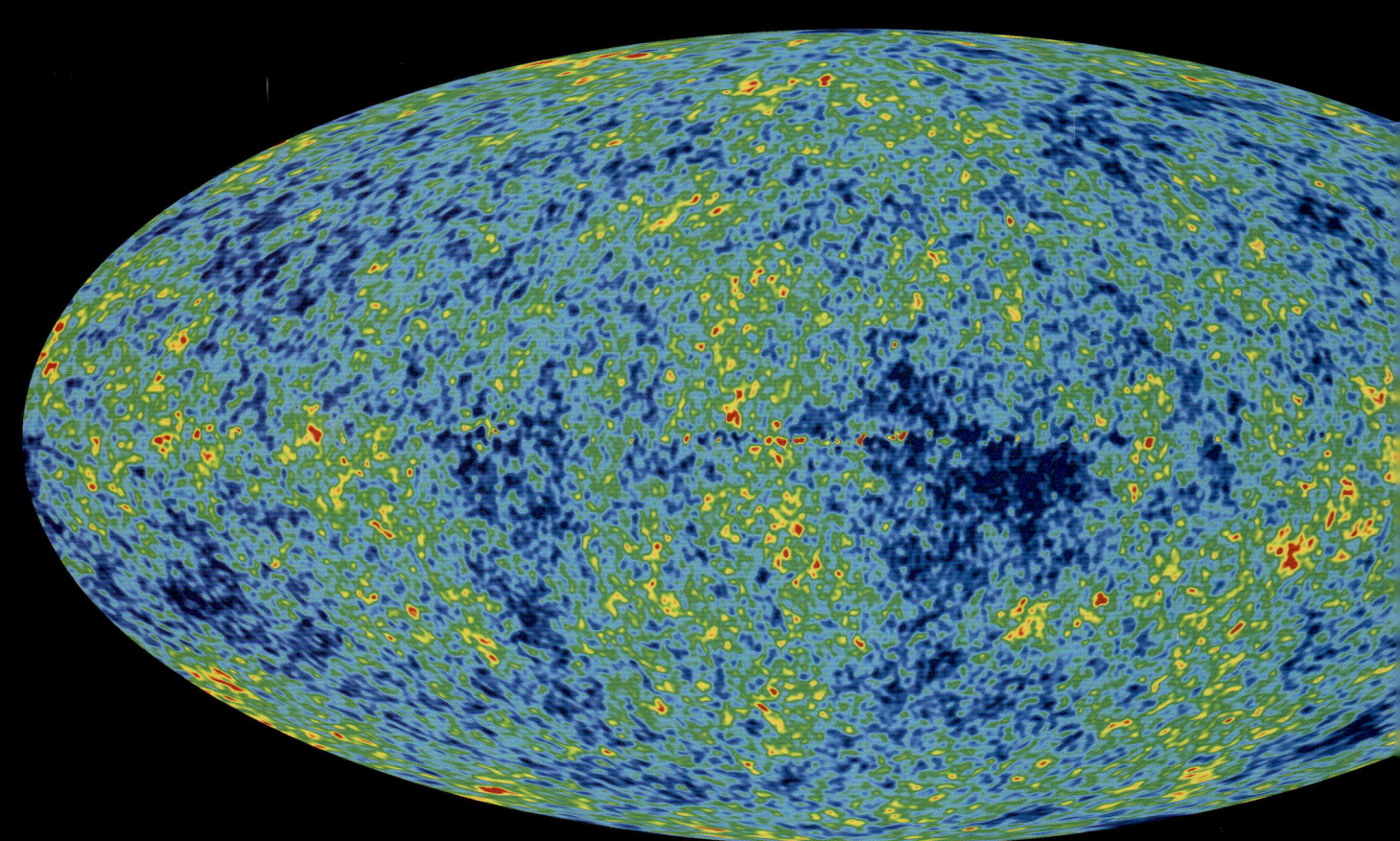

우주 나이 38만 년 때의 지도 우주 나이 38만 년에 자유로워진 빛은 우주를 가로질러 우리에게 도달하고 있습니다. 과학자들은 이 빛을 관측하여 우주 나이 38만 년 때의 우주 지도를 만들었습니다. 초기 우주의 미세한 온도 차이를 색깔의 차이로 나타냈습니다. 붉은 부분은 따뜻하고 푸른 부분은 차가운 곳입니다. 이것은 물질의 밀도 차이를 나타내기도 합니다. 따뜻한 곳보다 차가운 곳에 많은 물질들이 모여 있었습니다. 여기에서 별이 태어나고 은하가 태어나게 됩니다.

처음에 우주는 빛으로 가득 차 있었습니다. 빅뱅의 힘으로 우주가 커지자 우주의 온도는 내려갔습니다. 그러자 빛 속에서 아주 작은 알갱이들이 생겨났습니다. 이 알갱이들이 뭉쳐서 수소와 헬륨 원자가 되었습니다. 우주는 여전히 매우 뜨거워서 원자들은 전자를 잃어버린 상태로 있었습니다. 이것을 플라스마 상태라고 합니다. 우주는 안개가 낀 것처럼 불투명했습니다.

우주는 빠르게 커졌고 우주의 온도는 계속 낮아졌습니다. 그러자 원자들은 플라스마 상태에서 벗어났습니다. 우주는 투명해졌습니다. 빛은 자유롭게 우주 공간을 여행하게 되었습니다. 우주의 나이 38만 년 때로, 이때를 '우주의 맑게 갬'이라고 합니다.

플라스마 상태란 무엇일까요?

두 종류의 작은 알갱이, 양성자와 중성자가 모여 원자핵이 됩니다. 그리고 원자핵과 전자가 모여 완전한 원자가 됩니다. 그런데 온도가 아주 높으면 원자핵과 전자는 따로 떨어지게 됩니다. 우주가 갓 생겼을 때도 그랬습니다. 우주는 매우 뜨거워서 원자핵과 전자가 따로 떨어져 있었습니다. 이것을 플라스마 상태라고 합니다. 플라스마 상태에서 전자들은 우주에 흩날리며 빛이 곧바로 나아가는 것을 방해했습니다. 우주는 불투명했지요. 온도가 낮아지자 원자핵과 전자가 만나 완전한 원자가 되었고, 원자들이 모여 우주의 모든 것을 구성했습니다.

별이 가득한 우주 대마젤란 은하 안에서 별들이 태어나고 있습니다. 우주에는 수많은 별들이 생겼다가 사라졌습니다. 우주 나이 약 4억 년에 우주에서 첫 번째로 태어난 별들이 남긴 잔해에서 새로운 별들이 태어나고, 그 별들이 남긴 잔해에서 또다시 새로운 별들이 태어났습니다.

우주는 투명해졌지만 물질은 고르지 않게 퍼져 있었습니다. 물질이 많이 모여 있어서 밀도가 높은 곳이 있었습니다. 이런 곳의 밀도는 주변의 물질을 계속 끌어당기며 더욱 높아졌지요. 이곳에서 은하가 생기고 첫 번째 별들이 태어났습니다. 우주 나이 4억 년이 되었을 때입니다.

첫 번째 별들은 굉장히 무거웠습니다. 질량이 태양의 수백 배나 되었지요. 무거운 별들의 수명은 매우 짧아 곧 폭발했습니다. 별들이 폭발하며 남긴 기체와 먼지는 다른 별들을 만드는 재료가 되었습니다.

가장 오래된 천체는 무엇일까요?

퀘이사는 우주의 천체들 중에서 가장 먼저 태어난 은하입니다. 퀘이사는 천체 망원경으로 보면 작은 점으로 보입니다. 그 모습이 별과 비슷해서 우리말로는 준성이라 하지요. 퀘이사의 수명은 별들에 비해 매우 짧습니다. 일찍 죽는 것은 몇 천만 년 만에 죽고, 오래 사는 것도 몇 억 년밖에 살지 못합니다.

별의 탄생: 용골자리의 거대한 성운에서 별들이 태어나고 있습니다. 분홍색의 두터운 먼지 구름 속에 하얀색의 기체 덩어리들이 촘촘히 박혀 있습니다. 이것은 앞으로 별이 될 '별의 알'이라고 할 수 있지요. 별의 알이 자라 원시별이 되고, 질량이 적당한 원시별만이 빛을 내는 별이 됩니다. 이 사진은 스피처우주망원경으로 바라본 용골자리 성운의 모습입니다. 스피처우주망원경은 적외선을 이용하여 먼지 구름 속에 숨겨져 있는 먼지 기둥과 별의 알을 관측합니다.

별은 스스로 빛을 내는 천체를 말합니다. 별은 성운에서 태어납니다. 성운에 있는 기체와 먼지가 모여 작은 기체 덩어리를 만듭니다. 이 덩어리는 주변의 기체와 먼지를 끌어당기며 자라서 원시별이 됩니다.

모든 원시별이 다 빛을 낼 수는 없습니다. 원시별의 질량이 태양의 10분의 1 이상 될 때, 중심에서 핵융합이 일어납니다. 수소가 헬륨으로 바뀌는 핵융합을 통해 에너지가 만들어지면, 원시별은 비로소 환하게 빛을 내는 별이 됩니다. 별은 핵융합을 통해서 빛을 내고 새로운 원소를 만듭니다.

행성은 언제 만들어질까요?

원시별의 둘레에는 기체와 먼지들이 모여 원반 모양으로 돌고 있습니다. 기체와 먼지 원반에서 행성들이 태어납니다. 원시별이 별이 되면, 강력한 별 바람이 생깁니다. 별 바람은 주변의 물질을 날려 보냅니다. 그러면 먼지나 얼음 알갱이들은 밖으로 쓸려 나가고, 무거운 행성들은 남아서 태양계와 같은 행성계를 이룹니다.

별의 죽음 약 330년 전, 카시오페이아자리의 별 하나가 늙어서 폭발했습니다. 별은 폭발하며 커다란 흔적을 남겼습니다. 이 흔적을 초신성 잔해라고 부릅니다. 사진 속의 초신성 잔해는 '카시오페이아 A로' 알려져 있습니다. 우리 은하에서 가장 어린 초신성 잔해이며 너비는 13광년이나 됩니다. 이 사진은 허블우주망원경으로 찍은 18장의 사진을 합성하여 만든 것입니다.

별은 밤하늘에서 영원히 빛나지 않습니다. 수소를 다 태운 별은 서서히 죽어 갑니다. 별의 질량에 따라 별이 죽어 가는 방식이 다릅니다.

별의 질량이 태양의 여덟 배가 되지 않는 별들은 적색거성으로 부풀었다가 식어서 백색왜성이 됩니다. 백색왜성의 둘레에는 다양한 모양의 행성상 성운이 생깁니다.

별의 질량이 태양의 여덟 배가 넘는 무거운 별들은 적색초거성으로 거대하게 부풀었다가 초신성 폭발을 합니다. 별들의 핵은 중성자별이나 블랙홀이 됩니다.

별은 원소 합성의 공장이에요!

원소는 성질이 같은 원자들을 분류해 놓은 것을 말합니다. 우주에는 수많은 원소들이 있습니다. 모든 종류의 원소는 우주와 별이 만들었습니다. 가장 가벼운 수소나 헬륨은 빅뱅 때 만들어졌습니다. 헬륨보다 무거운 원소들은 모두 별이 만들어 냅니다. 수소와 헬륨이 뭉쳐 별이 되고, 별은 핵융합 반응을 통해 더 무거운 원소들을 만들어 냅니다. 별이 죽으면 다양한 원소들이 우주 공간에 흩어집니다. 흩어진 원소들은 기체와 먼지로 된 성운을 형성합니다. 기체와 먼지 성운에서 다시 별과 행성이 만들어집니다.

별들의 동그란 모임 수십만 개의 별들이 서로의 중력에 이끌려 빽빽하게 모여 원 모양을 이루고 있는 것을 구상 성단이라고 합니다. 별의 중심으로 갈수록 별들이 더욱 빽빽하고 가장자리로 갈수록 별들은 흩어져 있습니다. 구상 성단 NGC2808의 나이는 125억 년이나 되었습니다. 이 성단의 모든 별들은 이 구상 성단의 나이가 2억 년이 되기 전에 태어났지요. 보통 구상 성단의 별들은 모두 같은 때에 만들어지지만, NGC2808의 별들은 세 번에 걸쳐 만들어진 것으로 알려져 있습니다.

별은 하늘에서 무리를 이루고 있습니다. 별들의 가장 큰 무리는 은하입니다. 그 다음으로 큰 무리는 성단입니다.
　한 성운에서 수많은 별들이 동시에 태어나면 커다란 별의 무리가 생겨납니다. 이처럼 수많은 별들이 한군데 모여 있는 것이 성단입니다. 성단에는 수백 개에서 수백만 개의 별들이 모여 있습니다.
　성단은 모양에 따라 구상 성단과 산개 성단으로 나눕니다. 구상 성단에는 수십만 개의 늙은 별들이 공과 같은 모양으로 모여 있습니다. 산개 성단에는 수백 개의 젊은 별들이 흩어져 있습니다. 주변보다 많은 별들이 모여 있지만 일정한 모양은 없습니다.

소용돌이치는 은하 사냥개자리에 있는 M51은 대표적인 나선 은하입니다. 나선 모양이 매우 뚜렷해서 소용돌이 은하라고 불립니다. 두 개의 나선 팔을 따라 이어진 분홍색의 점들은 별들이 활발하게 태어나고 있는 곳입니다. 노란빛이 나는 중심에는 늙은 별들이 모여 있습니다. 나선 팔 가운데 하나의 끝에 붙어 있는 둥근 천체는 또 다른 은하 NGC5195입니다. M51은 지구에서 3100만 광년 떨어져 있습니다.

은하에는 수천만 개에서 수천억 개의 별들이 모여 있습니다. 은하의 모양은 크게 타원 은하, 나선 은하, 불규칙 은하로 나뉩니다. 타원 은하는 길쭉한 원 모양입니다. 별들이 모인 커다란 럭비공 같지요. 타원 은하는 느리게 움직입니다. 여기에서는 별이 태어나지 않습니다. 나선 은하는 소용돌이 모양입니다. 나선 팔을 가진 원반처럼 생겼습니다. 나선 은하의 나선 팔에서는 많은 별들이 태어납니다. 불규칙 은하는 모양이 일정하지 않습니다.

은하는 우주 공간에 홀로 있지 않습니다. 은하는 중력의 영향으로 서로 모여서 무리를 이룹니다.
　10~50개의 은하들이 모여서 은하군을 이룹니다. 은하군보다 큰 은하 무리는 은하단입니다. 은하단에는 50~1000개에 이르는 은하들이 있습니다. 은하단의 질량은 태양의 500조 배나 됩니다. 은하단은 모여서 초은하단을 이룹니다. 초은하단에는 3~10개 정도의 은하단이 모여 있습니다. 초은하단의 크기는 5억 광년에서 33억 광년에 이르기까지 다양합니다.

은하들의 모임 머리털자리 은하단은 은하가 가장 빽빽하게 모여 있는 은하단 가운데 하나입니다. 이 은하단은
우리 은하의 북쪽 머리털자리에 있습니다. 지구에서는 3억 광년 이상 떨어져 있지요. 머리털자리 은하단의 중심에 있는
은하들은 대부분 타원 은하입니다. 은하단의 중심을 벗어나면 여러 개의 나선 은하들이 있습니다.
이 사진은 머리털자리 은하단의 부분을 보여 줍니다. 전체 은하단의 지름은 2000만 광년이 넘습니다. 둥근 모양의
은하단 안에는 수천 개의 은하들이 있습니다.

은하단 안의 암흑 물질 은하단 Cl0024+17의 중심에 암흑 물질이 어두운 푸른색의 고리를 이루고 있습니다. 푸른 고리 위쪽의 찌그러진 은하들은 노란색의 은하단 Cl0024+17보다 두 배나 더 멀리 떨어져 있습니다. 멀리 있는 은하들의 모양이 찌그러진 이유는 이 은하들이 내뿜는 빛이 앞쪽에 있는 암흑 물질의 거대한 중력에 의해 구부러지기 때문입니다. 암흑 물질은 빛을 내거나 반사하지 않기 때문에 보이지는 않습니다. 그러나 과학자들은 더 멀리 있는 은하들의 찌그러진 모양을 보고 은하단에 암흑 물질이 있다는 것을 알아냅니다.

우주에서 초은하단은 서로 연결되어 거대한 구조를 이룹니다. 이 구조는 그물처럼 생겼습니다. 그물의 실처럼 짜여 있는 필라멘트에는 은하들이 이어져 있습니다. 그물의 매듭에는 은하들이 무리를 지어 은하단과 초은하단을 이루고 있습니다. 그물코는 은하가 없는 빈 공간입니다.
　우주에서 별이나 은하가 없는 곳은 텅 빈 공간처럼 보이지만, 여기에는 암흑 물질이 있습니다. 암흑 물질은 눈에 보이지 않는 물질입니다. 그러나 강력한 중력으로 우주의 거대한 그물 구조를 만들어 내지요. 은하들은 그 속에서 무리를 이루어 빛을 냅니다.

우주에서 우리의 위치는 어디일까요? 우리가 살고 있는 지구는 우리 은하 안에 있습니다. 우리 은하는 다른 은하들과 함께 은하군에, 은하단에, 그리고 더 크게는 처녀자리 초은하단에 속해 있습니다.

우리 은하는 우주에서 볼 수 있는 수천억 개 은하들 중에 하나입니다. 우리 은하는 나선 은하입니다. 은하의 가운데에 별이 빽빽이 들어선 막대 모양의 덩어리가 있고, 네 개의 나선 팔이 이 덩어리를 휘감고 있습니다.

우리의 나선 은하 우리 은하는 우주의 나이 50억 년에 만들어졌습니다. 우리 은하의 크기는 지름이 10만 광년, 두께는 1000광년입니다. 우리 은하에는 약 3000억 개의 별이 있습니다. 은하 전체의 질량은 태양의 5800억 배입니다. 우리 은하의 중심에는 늙은 별들이 많습니다. 반면에 은하의 나선 팔에서는 별들이 활발하게 태어나고 있지요. 우리 은하 안에서 태양계의 위치를 붉은 점으로 나타냈습니다.

우리에게 가장 가까운 우주 우주의 나이가 약 87억 년이 되었을 때, 태양과 태양 주위의 행성들이 태어나 태양계를 이루었습니다. 태양계는 우리 은하의 중심에서 약 2만 7000광년 떨어져 있습니다. 태양계는 초당 약 250킬로미터의 속력으로 우리 은하의 중심을 돌고 있지요. 태양계가 은하 중심을 한 바퀴 도는 시간은 약 2억 2600만 년입니다. 태양계는 태양과 8개의 행성, 행성의 주위를 도는 위성, 왜소행성, 그리고 수십억 개의 작은 천체들로 구성되어 있습니다.

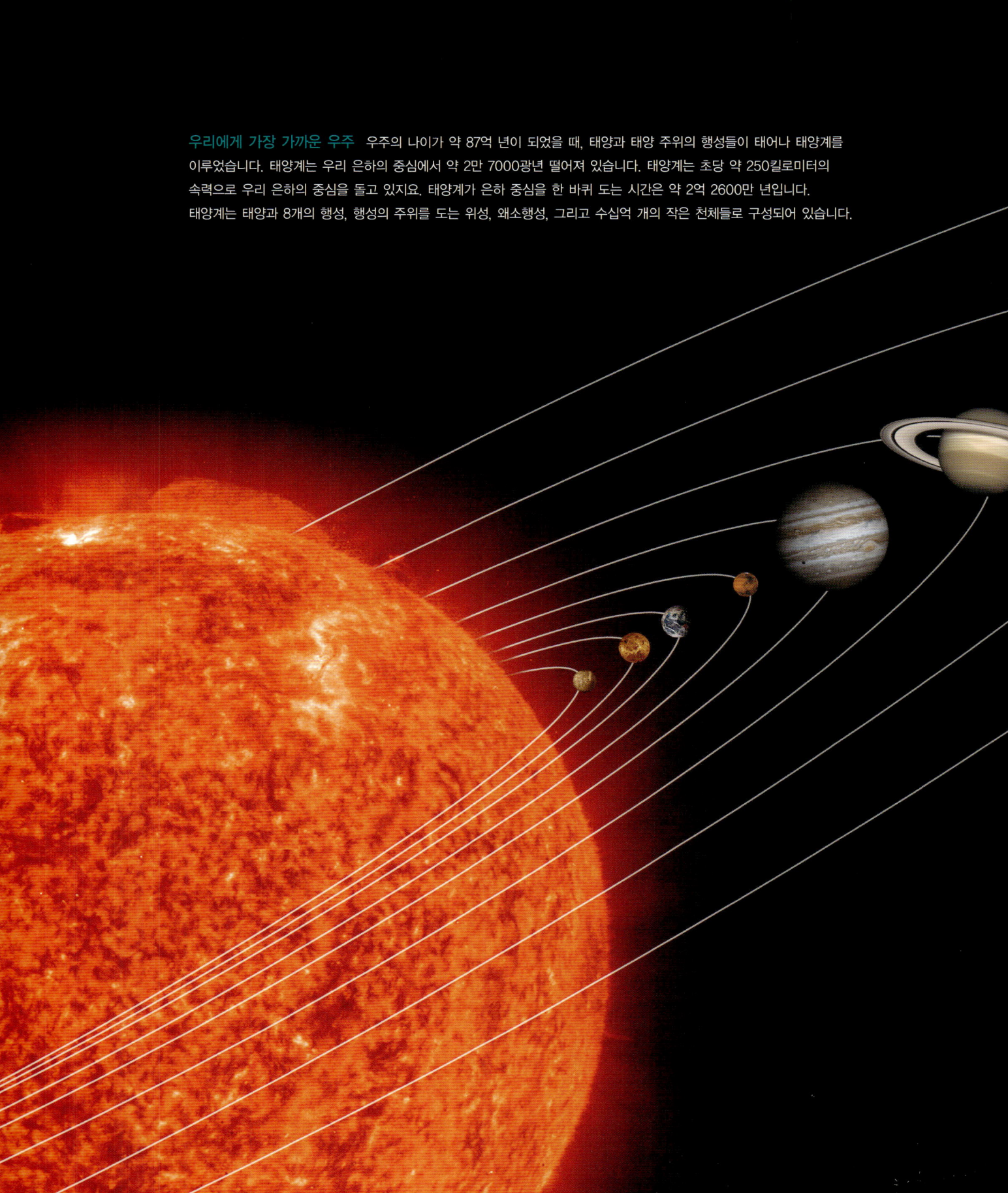

우리 은하의 나선 팔 가운데 하나에 태양계가 있습니다. 태양계는 태양과 태양 둘레를 돌고 있는 행성, 위성, 소행성, 혜성으로 이루어져 있습니다. 태양계의 천체들은 태양의 중력에 의해 태양의 둘레를 돌고 있습니다.

지구는 태양계의 세 번째 행성입니다. 지구는 인류의 보금자리이며 생물이 존재하는 것으로 알려진 단 하나의 천체입니다. 지구는 사람을 포함한 수백만 종에 달하는 생물의 고향입니다.

우리는 모두 우주의 한 부분이에요!

사람의 몸을 구성하는 물질은 우주와 별이 남긴 것입니다. 태양과 지구를 구성하는 물질도 우주와 별이 남긴 원소로 만들어졌지요. 모두가 우주의 자손인 것입니다. 사람은 모든 생물 중에서 특별한 지위를 부여 받고 있지만, 그 구성 물질은 다른 생물들과 똑같습니다. 바로 우주와 별이 만들어 낸 똑같은 원소를 사용하여 만들어졌습니다.

우리는 지구에서 광활한 우주를 관측합니다. 우주의 신비를 푸는 것은 우리 자신에 대해 알아 가는 과정이기도 합니다. 우리는 우주를 관측하고 탐구하며 지구의 생명체는 어디에서 시작되었는지, 앞으로 지구와 태양의 미래는 어떻게 될지 알아냅니다.

우리가 지금까지 살펴본 것은 우주의 한 부분에 지나지 않습니다. 우주에 대해 많은 것을 알게 되었지만, 여전히 밝혀내야 할 수많은 질문들이 남아 있습니다.

우주를 향해서 사람들은 커다란 접시형 안테나를 세워 우주 탐사선들이 보내는 자료를 받습니다. 이것은 미국 캘리포니아 모하비 사막에 있는 지름 70미터의 안테나입니다. 이 안테나는 지구에서 160억 킬로미터 떨어진 곳에서 보내는 신호도 받을 수 있습니다. 스페인과 오스트레일리아에도 크기가 다양한 안테나들이 있습니다. 2008년에는 이 세 곳에서 431광년 떨어진 북극성을 향해 비틀스의 노래 '어크로스 더 유니버스(우주를 가로질러)'를 동시에 쏘아 보냈습니다.

| 자세히 읽는 우주 이야기 |

우주 우리의 커다란 집

우주는 존재하는 모든 것을 말합니다. 우주는 가장 가까운 곳에서 가장 멀리까지 모든 공간을 포함합니다. 우주는 제일 처음부터 마지막까지 모든 시간을 포함합니다. 현재 우주의 나이는 약 137억 년이 되었습니다. 우주는 아주 큽니다. 우리는 우주의 끝을 알지 못합니다. 우주의 현재 크기는 반지름이 약 465억 광년(지름 약 930억 광년)입니다. 인류가 지금까지 관측한 것은 전체 우주의 일부에 불과합니다. 우리가 살펴본 우주에는 약 1000억 개의 은하가 있고, 각 은하에는 1000억 개 이상의 별이 있습니다.

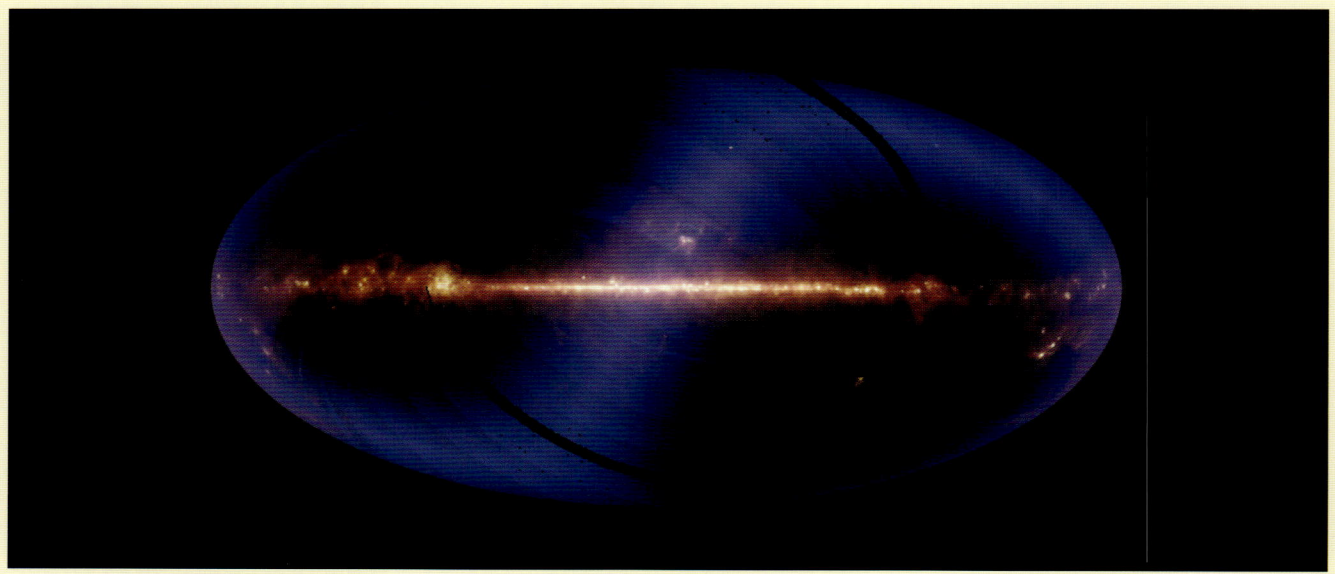

우주의 모습 적외선 탐사 위성 IRAS가 촬영한 현재의 우주입니다. 가운데 밝은 띠는 우리 은하를 옆에서 본 모습입니다. 우리가 우주를 바라볼 때, 우리 은하가 큰 부분을 차지하기 때문에 크게 보입니다. 가운데에서 바로 위에 있는 천체는 뱀주인자리입니다. 오른쪽 끝, 우리 은하의 아래쪽에는 오리온자리가 있습니다. 두 개의 검은 줄은 촬영되지 않은 부분입니다.

137억 년 전에 태어난 우주

우주의 시작은 아주 오래 전으로 거슬러 올라갑니다. 빅뱅 이론에 따르면, 우주는 약 137억 년 전에 일어난 대폭발로 시작되었습니다. 이 대폭발을 빅뱅이라고 합니다. 빅뱅이 일어나자, 우주는 빛으로 가득 찼고 순식간에 커졌습니다. 우주가 커지며 우주의 온도는 내려갔습니다. 우주의 빛 속에서 양성자와 중성자가 생겼습니다. 양성자는 수소의 원자핵입니다. 우주의 나이가 3분이 되자, 양성자와 중성자가 융합하여 헬륨 원자핵도 생겨났습니다. 우주에 우리의 몸과 우리 주변의 모든 것, 지구, 별을 구성하는 물질이 생긴 것입니다. 이때부터 현재까지 수소는 우주의 천체를 구성하는 물질의 약 75퍼센트, 헬륨은 약 25퍼센트를 차지하게 되었습니다. 우주 나이 38만 년에는 전자가 원자핵에 사로잡혀 수소 원자와 헬륨 원자가 되었습니다.

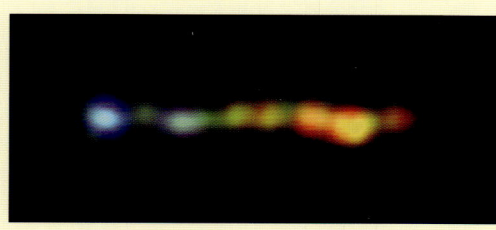

퀘이사 퀘이사 3C273에서 전파가 흘러나오고 있습니다. 이 전파는 백만 광년 이상의 거리까지 뻗어나갑니다. 퀘이사는 우주에서 가장 먼저 태어난 은하이며 가장 밝은 천체 가운데 하나입니다. 3C273은 가장 먼저 발견된 퀘이사입니다. 1963년에 발견되었지요.

천체가 만들어지다

초기 우주에서 물질은 불균일하게 흩어져 있었습니다. 물질이 별로 없어서 밀도가 낮은 곳과 물질이 오밀조밀 모여서 밀도가 높은 곳이 있었습니다

우주 연대표

빅뱅	3분	38만 년	4억 년	10억 년	30억 년	54억 년
우주 탄생	물질 형성	우주 맑게 갬	첫 번째 별 탄생	커다란 은하 형성	우주 거대 구조 완성	우리 은하 형성

다. 밀도가 높은 곳은 우주의 씨앗과도 같았습니다. 굉장히 작은 부분이었지만 주변의 물질을 끌어들이며 자랐지요. 여기에서 별과 은하 같은 천체가 생겼습니다. 우주의 나이가 4억 년이 되자, 첫 번째 별과 작은 은하들이 태어났습니다.

행성 행성은 별 주위를 도는 천체입니다. 목성은 태양계에서 가장 큰 행성입니다. 그 크기가 지구의 11배나 되지요.

성단 소마젤란 은하 안에 있는 산개 성단 NGC265입니다. 산개 성단에는 별들이 일정한 모양 없이 모여 있습니다.

은하 NGC1132는 타원 은하입니다. 타원 은하에는 많은 별들이 중력의 영향으로 동그랗게 모여 있습니다.

수많은 천체들

우주에는 다양한 천체가 있습니다. 우주의 먼지와 기체, 성운, 행성, 별, 성단, 은하를 모두 천체라고 하지요. 기체와 먼지가 모여 성운을 이루고, 성운에서 별과 행성이 태어납니다. 별은 단일 천체 가운데 가장 큽니다. 별이 모여 성단과 은하를 이룹니다. 성단에는 수백 개에서 수백만 개의 별들이 모여 있습니다. 은하에는 수천만 개에서 수천억 개의 별들이 모여 있습니다. 은하는 가장 큰 별의 무리지요. 은하들도 무리를 지어 있습니다. 몇 개의 은하들이 모여 은하군을 이룹니다. 은하군에는 50개 이하의 은하들이 모여 있습니다. 은하군은 은하단으로 모입니다. 은하단에는 수백 개의 은하들이 있습니다. 은하단은 다시 초은하단으로 모입니다. 초은하단에는 3~10개 정도의 은하단이 모여 있습니다. 초은하단은 현재 우리가 우주에서 관측할 수 있는 가장 큰 천체 단위입니다.

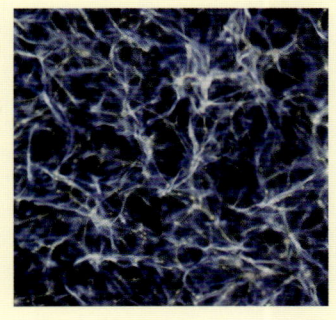

우주의 구조 우주의 한 부분을 나타낸 그림입니다. 필라멘트(그물의 실)를 따라 밝은 색의 은하들이 줄지어 있습니다. 필라멘트 사이의 빈 공간에는 빛나는 은하들은 없지만 암흑 물질이 있습니다.

거대한 그물 모양의 우주

우주에서 은하들은 일정한 모양을 만들며 분포합니다. 이 모양은 꼭 그물 같습니다. 가느다란 그물을 따라 은하들이 이어져 있고 매듭 부분에는 은하단과 초은하단들이 모여 있습니다. 이 그물 모양 구조를 우주의 거대 구조라고 합니다. 은하가 거의 없는 공간은 비어 있는 것 같지만, 여기에는 암흑 물질이 있습니다. 암흑 물질은 우주 물질의 90퍼센트 이상을 차지하고 있습니다. 우리가 볼 수 있는 별, 행성, 성운은 우주의 전체 물질 가운데 4퍼센트에 지나지 않지요. 암흑 물질은 우주의 팽창과 우주의 거대한 구조를 만들어 낸다고 알려져 있습니다. 과학자들은 초은하단 연구를 통해 암흑 물질의 흔적을 찾아내고 있습니다.

별들의 요람, 성운 우주에서 먼지와 기체가 구름처럼 모여 있는 곳을 성운이라고 합니다. 성운에서는 많은 별들이 태어납니다. 먼지와 기체 구름 속에서 별의 알들이 자라고 빛을 내는 별로 태어날 준비를 합니다. 사진 속의 천체는 대마젤란 은하에 있는 별 탄생 지역입니다. 우리 이웃 은하에서 가장 큰 별 탄생 지역 중 하나입니다. 사진 왼쪽의 별들은 태어난 지 수백만 년밖에 되지 않은 젊은 별들입니다.

87억 년 태양계 형성 | 92억 년 지구 형성 | 102억 년 지구에 생명체 등장 | 137억 년 현재 300만 년 전 인류의 조상 등장 | 우주의 미래

송두종

1949년 경상남도 합천군에서 태어났습니다. 서강대학교에서 물리학을 공부하고 이탈리아의 로마대학교에서 일반상대성이론과 천체물리학을 공부했습니다. 한국천문연구원 국제천체물리센터장을 지냈고, 현재 한국천문연구원에서 시공간의 흔들림의 전파를 대상으로 하는 '중력파동의 샘'을 연구하고 있습니다. 『중력과 시공간』을 우리말로 옮겼습니다. 송두종 선생님은 어렸을 때 씨름을 잘했습니다. 별명은 '뚱뚱이 양훈'이었지요. 양훈은 당시 인기 높았던 코미디 '홀쭉이와 뚱뚱이'에서 뚱뚱이 역할을 맡은 배우였어요. 초등학교 6학년 때 반에서 과학 담당이 되었는데, 이때부터 로켓을 만드는 과학자를 꿈꾸게 되었습니다. 그래서 우주 시공간의 탄생과 진화를 공부하게 되었고, 어린이들에게 우주에 대한 이야기를 들려주게 되었습니다.

사진 저작권과 사진 출처

이 책을 만드는 데에 필요한 사진을 제공해 주신 모든 단체와 개인들에게 감사드립니다.

2-3쪽 이권재; 4-5쪽 NASA, ESA, S. Beckwith(STScI) and the HUDF Team; 6-7쪽 NASA/WMAP Science Team; 8-9쪽 NASA/WMAP Science Team; 10-11쪽 NASA, ESA and the Hubble Heritage Team(STScI/AURA)-ESA/Hubble Collaboration; 12-13쪽 NASA/JPL-Caltech/N. Smith(University of Colorado, Boulder); 14-15쪽 NASA, ESA, the Hubble Heritage Team(STScI/AURA)-ESA/Hubble Collaboration; 16-17쪽 NASA, ESA, A. Sarajedini(University of Florida) and G. Piotto(University of Padua[Padova]); 18-19쪽 NASA, ESA, S. Beckwith(STScI) and the Hubble Heritage Team(STScI/AURA); 20-21쪽 NASA, ESA, and the Hubble Heritage Team(STScI/AURA); 22-23쪽 NASA, ESA, M.J. Jee and H. Ford(Johns Hopkins University); 24-25쪽 NASA/JPL-Caltech/R. Hurt(SSC-Caltech); 26-27쪽 Openkid; 28-29쪽 NASA/JPL; 30-31쪽 우주의 모습 NASA/JPL-Caltech, 퀘이사 NASA/JPL-Caltech/Yale Univ., 행성 NASA/JPL/University of Arizona, 성단 ESA, NASA, 은하 NASA, ESA and the Hubble Heritage(STScI/AURA)-ESA/Hubble Collaboration, 우주 구조 NASA, ESA, and E. Hallman(University of Colorado, Boulder), 성운 NASA, ESA, and F. Paresce(INAF-IASF), R. O'Connell(University of Virginia) and the Wide Field Camera 3 Science Oversight Committee; 앞표지 소용돌이 은하 M51 본문 18-19쪽과 동일; 속표지 우주 나이 38만 년 때의 우주 지도 본문 8-9쪽과 동일; 뒤표지 머리털자리 은하단 본문 20-21쪽과 동일
*NASA: 미국항공우주국 ESA: 유럽우주국 JPL: 나사제트연구소 STScI: 허블우주망원경 천체 관측 모임

우주—우리의 커다란 집
송두종 지음

초판 1쇄 인쇄 2010년 1월 22일 | 초판 1쇄 발행 2010년 2월 5일
펴낸이 최선숙 | 편집 편은정 서윤정 김정미 | 디자인 이은주
펴낸곳 열린어린이 | 주소 121-898 서울시 마포구 동교동 198-22 승남빌딩 2층 | 전화 02)326-1284 | 전송 02)325-9941
출판등록제 10-2296호

ⓒ 송두종, 열린어린이 2010

ISBN 978-89-90396-74-7 74440
ISBN 978-89-90396-73-0 (세트)

값 12,000원

이 책은 저작권법에 따라 보호받는 저작물이므로 무단 전재와 복제를 금하며,
이 책 내용의 전부 또는 일부를 재사용하려면 반드시 열린어린이의 서면 동의를 받아야 합니다.